A SACOLA MISTERIOSA

A SACOLA MISTERIOSA

Cesar Braga Said

Copyright © 2012 by
FEDERAÇÃO ESPÍRITA BRASILEIRA – FEB

1ª edição – Impressão pequenas tiragens – 6/2025

ISBN 978-85-7328-829-2

Todos os direitos reservados. Nenhuma parte desta publicação pode ser reproduzida, armazenada ou transmitida, total ou parcialmente, por quaisquer métodos ou processos, sem autorização do detentor do *copyright*.

FEDERAÇÃO ESPÍRITA BRASILEIRA – FEB
SGAN 603 – Conjunto F – Avenida L2 Norte
70830-106 – Brasília (DF) – Brasil
www.febeditora.com.br
editorial@febnet.org.br
+55 61 2101 6161

Pedidos de livros à FEB
Comercial
Tel.: (61) 2101 6161 – comercial@febnet.org.br

Adquirindo esta obra, você está colaborando com as ações de assistência e promoção social da FEB e com o Movimento Espírita na divulgação do Evangelho de Jesus à luz do Espiritismo.

Dados Internacionais de Catalogação na Publicação (CIP)
(Federação Espírita Brasileira - Biblioteca de Obras Raras)

S132s   Said, Cesar Braga, 1968–

       A sacola misteriosa / Cesar Braga Said; [Ilustrações: Ana Cristina Rôlo Villela e Bruno Azevedo da Costa]. 1. ed. – Impressão pequenas tiragens – 2025.

       48 p.; il. color.; 21 cm.

       ISBN 978-85-7328-829-2

       1. Literatura infantil espírita. I. Villela, Ana Cristina Rôlo, 1996–. II. Costa, Bruno Azevedo da, 1986–. III. Federação Espírita Brasileira. IV. Título.

CDD 028.5
CDU 087.5
CDE 81.00.00

Que mistério pode haver numa sacola fechada?
Será que alguém a esqueceu, perdeu ou quis se livrar dela?
O que haverá dentro?
O que devemos fazer quando encontramos algo que não nos pertence?
Até que ponto devemos ser curiosos numa situação assim?
Por que Bebeto não conseguia de jeito nenhum abrir a sacola misteriosa?
E por que todo mundo ria quando olhava para ela?
Leia o livro, descubra o segredo que se esconde dentro desta sacola e se surpreenda com o final desta fascinante história.

A sacola misteriosa — 6 — Cesar Braga Said

Bebeto caminhava pela calçada olhando as vitrines das lojas, quando viu uma sacola colorida perto de uma árvore.

Continuou caminhando e olhando para ela até dar uma cabeçada na barriga do Nicolau, o filho do padeiro. Pediu desculpas, encostou-se no muro, coçou a cabeça e, olhando para aquela sacola misteriosa, pensou:

— Caramba! O que será que tem dentro daquela sacola? Será que alguém a esqueceu ali? E se nela tiver milhões de dólares escondidos?

A sacola misteriosa — 8 — Cesar Braga Said

É, mas pode ser uma sacola cheia de lixo! Hum, mas tão amarrada daquele jeito...

Vendo a sacola sozinha e a chuva que se aproximava, Bebeto decidiu pegá-la para que ela não estragasse e para tentar encontrar seu dono.

Bebeto tinha a sensação de que as pessoas que passavam estavam de olho nele, pois sorriam e olhavam para a tal sacola. E isso o deixou meio desconfiado:

— Não pode ser! Todo mundo está olhando para a sacola. Já sei! Em vez de carregá-la pelas alças, eu vou abraçá-la. Isso mesmo!

A sacola misteriosa — 10 — Cesar Braga Said

  Mas parece que foi pior, pois todo mundo agora não apenas olhava, mas também ria alto e queria saber o que é que havia dentro daquela sacola, que era quase do tamanho do Bebeto. Para alguns, ele dizia que não sabia. Para outros, nem respondia e, quando a garotada do bairro quis saber, ele simplesmente disse:
  — É algo muito valioso! É um segredo que não pode ser assim contado na rua, para qualquer pessoa.
  — Eu não sou qualquer pessoa! — disse Dedeco.

A sacola misteriosa — 12 — Cesar Braga Said

— Eu também não! — replicou Talita.
— Eu até posso ser uma pessoa qualquer, mas qualquer pessoa eu não sou não.
E todos acharam engraçado o que disse Asdrúbal José.

Com a sacola ainda fechada, Bebeto pediu licença e não disse nada para nenhum deles, foi direto para a sua casa, quase morrendo de curiosidade.

A sacola misteriosa — 16 — Cesar Braga Said

Subiu em silêncio, e na pontinha dos pés, os degraus da escada até o seu quarto.

A sacola misteriosa — 18 — Cesar Braga Said

Trancou a porta e ficou olhando para a sacola colorida e ela olhando para ele. Esfregou as mãos e disse sorrindo:

— É agora! Finalmente eu vou abrir você, sacolinha linda. Eu vou fazer isso bem rápido, pois quando a minha mãe souber que eu achei você, aposto que vai querer também saber o que tem dentro.

A sacola misteriosa — 20 — Cesar Braga Said

E, quando Bebeto começou a desatar o nó, tomou um susto:

— TOC, TOC, TOC, TOC. Bebeto, você já chegou? Abra a porta para que eu possa limpar seu quarto.

Era sua mãe. O coração de Bebeto disparou e ele correu de um lado para o outro, não sabendo onde esconder a sacola.

— Deixe que hoje eu limpo, mamãe.

— Que história é essa, Bebeto? Você nunca se importou em arrumar nada.

Ele engrossou bem a voz e respondeu:

— A senhora sabe, né, é que... Eu já sou um rapazinho, e na minha idade é preciso ser responsável.

A sacola misteriosa — 22 — Cesar Braga Said

— Ora, ora, mas é assim que se fala!
Bebeto respirou aliviado.
— Mas abra então essa porta que hoje eu quero fazer uma faxina geral.
Bebeto correu de novo com a sacola, jogou-a pela janela e abriu a porta.

A sacola misteriosa — 24 — Cesar Braga Said

— Pronto, mãe.
— Meu filho, que demora para abrir a porta! O que é que você estava fazendo de tão misterioso?
— Eu? Nada! Nada de importante, apenas pensando, pensando...

E foi saindo de mansinho. Sua mãe bem que achou aquilo tudo muito esquisito, mas como conhecia o filho, não se surpreendeu nem um pouquinho. Ficou rindo sozinha.

A sacola tinha caído bem em cima da árvore do jardim.

A sacola misteriosa — 26 — Cesar Braga Said

Com muito custo, Bebeto conseguiu subir e quando quase a alcançava, o pior aconteceu. Escorregou e ficou pendurado num galho que ficava na frente da janela do quarto de seus pais.

O problema é que naquele momento seu pai estava acabando de acordar e, como fazia todas as manhãs, foi até a janela para se espreguiçar.

Quando seu Maneca esticou os braços e abriu os olhos, lá estava Bebeto.

— Olá, seu Maneca! Sou eu, seu filho Bebeto!

— Meu filho, o que é que você está fazendo aí, pendurado nesse galho?

— Estou ensaiando para uma peça que vai ter lá na escola.

— Peça? Que peça é essa?

— "A vida dos passarinhos". Tchau, seu Maneca!

Soltou o galho e caiu no chão acenando para o pai, que também não entendeu nada e deu uma gargalhada. Mas a sacola continuava lá em cima, presa num galho.

A sacola misteriosa — 28 — Cesar Braga Said

Com muito custo, Bebeto conseguiu pegá-la. Desceu com cuidado e, quando ia abri-la, tomou de novo um grande susto:

— Au, au, au, auauau!

— Mas que susto você me deu, Balacubaco! Não vai me dizer que você também quer saber o que tem dentro da sacola?

E Balacubaco latiu como se estivesse rindo.

Bebeto voltou novamente para a rua, porque em casa era impossível descobrir o que havia na sacola. Cobriu-a com um jornal e foi andando, procurando um lugar seguro onde pudesse, enfim, abri-la.

A sacola misteriosa — 30 — Cesar Braga Said

De repente, começou a ventar e o jornal foi levado pelo vento, descobrindo de novo a sacola. A garotada do bairro voltou a perguntar quando o viu passando, com pressa:

— E então, Bebeto, o que há nessa sacola?
— É, Bebeto, diz para a gente, diz.
— Eu não sei, e vocês são muito curiosos, viu?!
— Você é cheio de segredinhos, Bebeto. Como pode estar com essa sacola todo esse tempo e não saber o que há dentro dela?
— Caramba, eu estou dizendo a verdade, turma!

E todos deram gargalhadas. Bebeto começou a achar que havia alguma coisa de estranho naquilo tudo, pois quem chegava perto dele começava a rir.

Tudo o que ele queria era abrir logo a sacola e ver o que havia dentro dela.

Quem sabe, até o endereço do dono, para que ele pudesse devolvê-la. O negócio é que ele queria abri-la sozinho e descobrir primeiro aquele mistério todo.

A sacola misteriosa — 32 — Cesar Braga Said

Lembrou-se da pracinha em frente ao Lar de Jesus e foi direto para lá. Ele só não contava em encontrar o padeiro, seu Tunica, um português, que era pai do seu amigo Nicolau:

— Ora, pois, mas que levas aí, menino?

— É uma sacola.

— Ora, eu estou a ver que é uma sacola. Quero apenas saber o que há dentro dela.

E deu um sorriso.

— Ora, pois, pois, eu não sei o que tem dentro desta sacola, senhor Tunica!

E o padeiro não aguentou vê-lo falando igual a um português e deu uma gargalhada.

— Mas, menino, como é que carregas uma sacola e não sabes o que tem dentro dela?

— Eu sei que isso é igual a comer bolinho de bacalhau e perguntar do que ele é feito. Mas é verdade, eu não sei! Com licença, seu Tunica.

E deixou o padeiro rindo sozinho durante um bom tempo.

A sacola misteriosa Cesar Braga Said

Na pracinha, ele olhou para um lado, olhou para o outro e pensou:

— Esta sacola não é minha, eu não deveria abri-la. E se tem alguma coisa de valor e o dono estiver procurando? Mas eu preciso abrir até para poder devolvê-la.

Desatou o nó, cheio de curiosidade e alegria, quando alguém pôs a mão em seu ombro, dando-lhe, de novo, um grande susto.

— Meu filho, que bom que você achou a minha sacola!

— É da senhora?

— Sim, eu a perdi quando vinha para cá, para o Lar de Jesus. Meu nome é Marília, e o seu?

— Bebeto.

Respondeu, sorrindo, para aquela senhora tão meiga e simpática.

— Sabe, eu venho tentando abrir esta sacola faz um bom tempo. Já levei para minha casa, me pendurei numa árvore, levei um susto do meu cachorro...

LAR DE JESUS

A sacola misteriosa — 36 — Cesar Braga Said

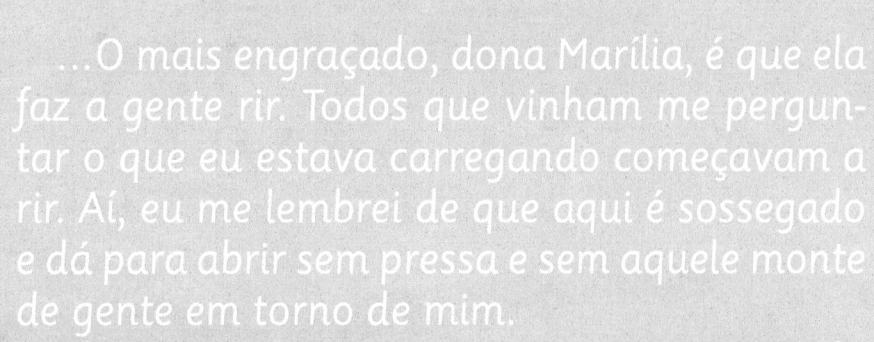

...O mais engraçado, dona Marília, é que ela faz a gente rir. Todos que vinham me perguntar o que eu estava carregando começavam a rir. Aí, eu me lembrei de que aqui é sossegado e dá para abrir sem pressa e sem aquele monte de gente em torno de mim.

— Que bom que as pessoas riram quando se aproximaram de você. É isso mesmo que eu espero que aconteça quando eu abri-la lá dentro do Lar de Jesus, que eu e meu marido Leopoldo criamos. Quer vir comigo?

— Claro! É tudo o que eu mais quero neste momento.

Quando chegaram, várias meninas vieram abraçar Marília, que lhes apresentou Bebeto. Este ficou vermelho de tantos beijos que recebeu.

As meninas e alguns meninos sentaram-se num banco, e Marília pediu que Bebeto abrisse, então, a sacola colorida. Ele ria sozinho, tão contente estava, e seus olhos brilharam quando finalmente viu o que havia na sacola.

A sacola misteriosa   38   Cesar Braga Said

SABE O QUE HAVIA DENTRO DELA?

Brinquedos! Muitos brinquedos, todos novinhos.

Bebeto começou a rir sem parar, porque adorava brinquedos e ficou feliz em ver que eles eram para as crianças do Lar de Jesus. Elas ficaram alegres com os presentes de Marília, e Bebeto percebeu que havia feito uma boa ação.

Caso ele tivesse aberto a sacola antes de chegar lá, talvez os brinquedos não chegassem às mãos daquelas simpáticas e educadas crianças.

A sacola misteriosa   40   Cesar Braga Said

Daquele dia em diante, Bebeto era visto de vez em quando com uma sacola igualzinha àquela. Agora, porém, todo mundo sabia o que ele levava.

Eram brinquedos seus e dos seus colegas do bairro para as crianças do Lar de Jesus.

Era só ele aparecer carregando o sacolão, e todo mundo começava a rir. Mas agora todos riam, não mais de curiosidade e do tamanho da sacola, mas de satisfação pela bela ação de Bebeto. O menino que antes carregava uma sacola misteriosa era agora "O menino da sacola de sorrisos"!

Conheça os lançamentos infantis da FEB Editora.

Uma aventura no reino da Batatinha

Batatinha é uma vira-lata, que foi adotada ainda pequena depois de ter sido abandonada nas ruas. Muito dócil e brincalhona, ela passa os dias correndo atrás dos passarinhos no jardim da nova casa.

Certo dia, um filhote de cambaxirra cai dentro da caixa d'água e, a partir de então, começa a luta de Batatinha para tentar salvar o animal.

Tal situação se torna um exemplo para todos os bichos da região, pois, assim, eles aprendem o verdadeiro sentido de ajudar o outro e descobrem um sentimento que lhes permite resolver problemas do grupo: a compaixão.

Regina Campello

Uma aventura no reino da Batatinha

Aprendendo a cooperar

Ilustrações: L. Bandeira

Conheça os lançamentos infantis da FEB Editora.

A Rua Sem Nome

Imagine um local em que todas as pessoas são tristes e solitárias. É a Rua Sem Nome!

Bené, que mora bem lá no fim desta rua, é um menino de coração muito bom, que recolhe material descartável para vender.

Ele escolheu um nome para a rua. Sabe qual?

Depois de ler esta incrível historinha, você, amiguinho, também pode escolher um nome para a Rua Sem Nome!

Use a imaginação!

Etna Lacerda

A Rua Sem Nome
Uma história de Natal

FEB

Conheça os lançamentos infantis da FEB Editora.

O Bom Amigo

"E quem, mamãe, é esse Jesus?"

Assim pergunta Belinha a Ana. E quem é Ana? Ana é a mãezinha dela. As duas vivem sozinhas e com muitas dificuldades, porque o pai de Belinha desencarnou.

Você, amiguinho, vai se emocionar ao ver, nesta linda história, o exemplo de humildade, fé e esperança que Belinha e a mãe demonstram ser quando passam por momentos difíceis.

Espero que você goste do livrinho.

Boa leitura!

Magdalena del Valle Gomide

O Bom Amigo

FEB editora
Livro espírita para um novo mundo
www.febeditora.com.br
@febeditoraoficial
@febeditora

Conselho Editorial:
Carlos Roberto Campetti
Cirne Ferreira de Araújo
Evandro Noleto Bezerra
Geraldo Campetti Sobrinho – Coord. Editorial
Jorge Godinho Barreto Nery – Presidente
Maria de Lourdes Pereira de Oliveira
Miriam Lúcia Herrera Masotti Dusi

Produção Editorial:
Elizabete de Jesus Moreira

Revisão:
Ana Luiza de Jesus Miranda
Elizabete de Jesus Moreira

Capa, Projeto Gráfico e Diagramação:
João Guilherme Andery Tayer

Ilustrações:
Ana Cristina Rôlo Villela
Bruno Azevedo da Costa
(Oficina de Arte)

Normalização Técnica:
Biblioteca de Obras Raras e Patrimônio do Livro

Esta edição foi impressa no sistema de Impressão pequenas tiragens, em formato fechado de 210x210 mm. Os papéis utilizados foram o Couche fosco 90 g/m² para o miolo e o Cartão 250 g/m² para a capa. O texto principal foi composto em fonte Sassoon Primary 16/19,2. Impresso no Brasil. *Presita en Brazilo*.